AF239128

Fächer der Liebe

Angelika Wolf

Fächer der Liebe

Gedichte

Bibliografische Information der Deutschen Nationalbibliothek:
Die Deutsche Nationalbibliothek verzeichnet diese Publikation in der Deutschen
Nationalbibliografie; detaillierte bibliografische Daten sind im Internet
über http://dnb.d-nb.de abrufbar

© 2013

Herstellung und Verlag: BoD - Books on Demand GmbH, Norderstedt

ISBN: 9783848260461

Fächer der Liebe

Die Liebe mit all ihren Gefühlen,
die Innigen und auch die Kühlen.
Bietet uns einen breiten Fächer an.
Viele Facetten man erkennen kann.

Gibt Liebesglück, doch auch Liebesleid,
manchmal Beständigkeit für alle Zeit.
Oft nur ein Wunsch der Phantasie
ein Traum, der wirklich wird wohl nie.

Oft ist von Trauer sie getragen,
oft innig bis zu den alten Tagen.
Oft verletzlich mit viel Schmerz.
Oft so himmlisch für unser Herz.

Gefühle tanzen einen bunten Reigen,
ein paar davon will ich euch zeigen.
Von bangem Sehnen, stillem Hoffen,
der Fächer ist für euch nun offen.

Wahre Liebe

Was Liebe war, wird immer Liebe bleiben,
denn wahre Liebe lässt sich durch nichts vertreiben.

Nicht durch den größten Schicksalsschlag,
nicht durch manchen bösen Tag.
Nicht durch Krankheit, nicht durch Leid.
Wahre Liebe kennt keinen Neid.

Wahre Liebe hilft Verstehen.
Wahre Liebe lässt Wunder geschehen.

Wahre Liebe urteilt nicht.
Wahre Liebe spendet Licht,
auch in der tiefsten Dunkelheit.
Denn sie ist für die Ewigkeit.

So lässt sie sich von nichts vertreiben,
denn was wahre Liebe war,
wird immer Liebe bleiben.

Mörderische Liebe

Manch einer wischt sich eine Träne ab,
als Romeo kniet vor Giuliettas Grab.
Sein Schmerz tief in unser Herz eindringt,
als er zum letzten Mal von seiner Liebe singt.

Eine Liebe, die auch Otello erlebt,
bevor er rasend vor Eifersucht bebt.
Dem Freunde vertraut, der ihn schändlich belügt,
zu spät erkennt, wer hier wen betrügt.

Der Mord aus Leidenschaft dann schnell geschehen,
das konnte man ja schon in Carmen sehen,
wozu enttäuschte Liebe fähig ist,
dass Don Jose sich selbst vergisst.
Lieber tot, nur keinem anderen gehören,
ja Liebe kann schon viel zerstören.

Das musste auch Canio schmerzlich erleiden,
am Schluss verloren auch diese beiden.
Turiddu muss für seine Leidenschaft teuer bezahlen
und wieder nichts als unendliche Qualen.

Werther kann sein Leben
ohne Charlotte nicht ertragen,
so bleibt ihm nur noch Adieu zu sagen.
Rusalka ihr Leben unter Wasser aufgibt,
für einen Prinz, der sie zwar liebt
und dann doch die andere gefreit,
so dass auch Rusalka zu einem Mord ist bereit.
Doch ihr Leben kann sie nicht zurückbekommen,
so war auch ihr letztlich alles genommen.

Die Liebe scheint ein Verhängnis zu sein,
voll von Kummer und ach so viel Pein.
All dies hab ich mitgefühlt
und als ich völlig aufgewühlt:
Die Oper aus - der Vorhang fällt.
Zum Glück geschah es nur auf der Bühnenwelt.

Liebesleid

Kennst du das Leid, welches so unsagbar quält.
Wenn der nicht mehr da, der so sehr dir fehlt.
Wenn du glaubst, dein Herz sei in Stücke gerissen.
Du nichts mehr fühlst, als ständiges Vermissen.

Wenn kein Tag vergeht, ohne schmerzhaftes Sehnen.
Wenn Du vergossen Unmengen an Tränen.
Wenn du krank vor Kummer
und denkst nichts mehr zählt.
Wenn du glaubst, sie untergegangen,
deine eigene Welt.

Wenn der nicht mehr da, den du von Herzen geliebt.
Einfach gegangen, es ihn für dich nicht mehr gibt.
Wenn dein Leben zu Ende, da ihr nicht mehr vereint.
Du fühlst dich wie tot, auch wenn´s nur so scheint.

Alles vorbei, was einst eine glückliche Zeit.
Da lernst du es kennen, das Liebesleid.
Wenn nur noch schmerzt, was vorher Dein Glück.
Denn er ist fort und kommt nicht zurück.

Sehnsucht nach Jemand

Ich sehne mich nach jemanden,
der schützend den Arm um mich legt.
Nach jemanden, der mir das Gefühl gibt,
gebraucht zu werden.
Nach jemanden, für den ich mehr bin,
als nur irgendjemand.
Nach jemanden, der mich um
meiner selbst willen liebt
Und nicht jemanden aus mir machen will,
den er gerne hätte.
Nach jemanden für den ich wichtig bin.
Nach jemanden, der mich versteht.
Nach jemanden, auf den ich zählen kann.
Nach jemanden, der den größten Teil
dieser Welt für mich bedeutet.
Ich sehne mich nach jemanden,
dem ich all meine Liebe geben kann
Und von dem ich sie genauso zurückbekomme.
Wo ist dieser Jemand?

Deine Tränen

Immer wenn dicke schwarze Wolken
den hellen Tag verhüllen,
bricht doch irgendwo ein Sonnenstrahl durch.
Und das bist du!

Wenn oft meine Traurigkeit so groß ist,
wie das tiefste Meer,
treibt da doch eine Träne darin,
die du um mich geweint hast.
Diese Träne zeigt mir,
dass dein Herz für mich schlägt,
dass dein Herz um mich weint,
dein Herz für mich fühlt.
Also ist dieses Herz doch voller Liebe zu mir.

Diese Liebe wird mir die Kraft geben,
meinen Weg zu finden und zu gehen.
Bei jedem Stein, der sich mir in den Weg liegt,
werde ich an deine Tränen denken,
die du um mich geweint hast.
Die Tränen werden den Stein wegspülen,
wie wenn er nie existiert hätte,
so dass ich wieder frohen Mutes
weiterschreiten kann,
mit der Gewissheit mein Ziel zu erreichen.
Für dich!
Für mich!
Für uns!
Denn wir Beide sind eine Einheit
und gemeinsam sind wir stark.

Phantasie

Wie oft hab ich dich lächeln gesehen,
warum, für mich selbst nicht zu verstehen.
Wie oft war mir,
als ob deine Hände mich zärtlich berührt.
Als hätte ich deine Haut auf meiner sanft gespürt.

Wie oft hab ich deinen Duft vernommen,
wenn ich einen liebevollen Kuss bekommen.
Wie oft hab ich dir durchs Haar gestrichen.
Doch plötzlich sind all die Bilder verblichen.

Eben hatte ich noch deine Stimme gehört.
Nichts mehr übrig, das Trugbild zerstört.
Denn nur meine Phantasie ließ dich mit mir leben,
in Wirklichkeit wird es dich wohl nicht geben.

Und doch fühl ich mich von dir gehalten, gestärkt,
auch wenn es nur Einbildung und alles verkehrt.
Doch kann ich die Sehnsucht nie überwinden,
bin sicher eines Tages, werde ich dich finden

Botschaft vom Mond

Wolken, die ihr am Himmel zieht,
sagt mir, ob er euch auch gerade sieht.
Sonne, mit deinem goldenen Schein,
sag mir, wann wird er bei mir sein.
Wind, der durch die Lüfte weht,
bist du es, der meine Sehnsucht versteht?

Ach Mond, der du so geheimnisvoll.
Sag du mir, was ich machen soll.
Wie kann ich zu meinem Liebsten gelangen.
Da hab ich des Mondes Botschaft empfangen:

„Wenn du an ihn denkst, zu jeder Zeit.
Wenn dir kein Weg zu gehen zu weit.
Wenn du so stark, wie deine Liebe bist,
dann wird er spüren, er wird vermisst.
Dann wird seine Seele, die deine finden,
damit sich eure Herzen endlich verbinden."

Seeleneinheit

Du und ich hier zusammen.
Hier im Licht des Tages
und in der Dunkelheit der Nacht.
Zusammen im Guten und im Bösen.
Zusammen wie eine Einheit.
Zusammengeschweißt - untrennbar?

Du und ich zusammen.
Gleiche Gedanken, gleiche Seelen.
Zwei Halbe zusammengefügt als ein Ganzes.
Zusammen stark.
Zusammen - vereint - untrennbar?

Und doch kommt der Tag,
wo man uns auseinanderreißen wird.
Die Einheit trennen.
Geteilte Gedanken, geteilte Seelen.
Du hier - ich dort.

Doch die Seelen verlieren sich nie.
Nicht jetzt, nicht morgen.
Niemals.
Sie trennen sich,
doch sind immer auf der Suche nacheinander.

Plötzlich finden sie wieder zusammen.
Verschmelzen von neuem, vereinen sich.
Zusammen wie einst.
Zusammen - vereint - untrennbar.

Zusammen für immer.
Doch wann.
Nicht heute, nicht morgen,
irgendwann.

Der Traum

Kennst du den Traum,
der durch meine Nächte zieht?
Die Bilder,
die am Tag mein inneres Auge sieht?

Kennst du das Gefühl,
wenn mich deine Arme halten,
wärmen und schützen
vor der Welt, der Kalten?

Wenn sanft deine Hände mich berühren
und meine Lippen dann die deinen spüren.

Wenn meine Seele, die deine findet,
uns Innigkeit und Liebe verbindet.

All das ist in meinem Traum geschehen,
doch die Realität lässt die Bilder verwehen.

Denn du existierst nicht in Zeit und Raum,
denn wenn es so wäre, dann wär es kein Traum.

24

Komm

Inmitten all der vielen Menschen,
trafen sich plötzlich unsere Blicke.
Nur ein Blick und doch schien die Welt
um uns herum still zu stehen.
Augen sagen mehr als Worte
doch wären es Worte gewesen,
hätten sie mein Herz zum Schwingen gebracht.
Mein Herz klopfte wie wild
und doch war ich ganz ruhig,
denn ich wusste, ich hatte dich endlich gefunden

Du wusstest es auch.
Wir beide wussten,
dass die jahrelange Sehnsucht nun ein Ende hatte.
Eine Sehnsucht,
die uns bis vor ein paar Minuten
noch gar nicht bewusst gewesen war.

Du strecktest die Hand aus
und sagtest einfach nur:
„Komm"
„Komm mit mir"

Ich nahm deine Hand und wusste,
ich würde bis ans Ende der Welt mit dir gehen.

Der Traummann

Heut' im Traum sah ich dich wieder,
dich, den ich schon lange kenn.
Heut' im Traum sah ich dich wieder,
dich, den ich nun beim Namen nenn.
Hab dich immer gesucht,
immer von dir nur geträumt.
Hab dich nie gefunden,
wusste, ich hab was versäumt.
Dachte schon, ich werde dich nie finden,
hab fast schon aufgegeben.
Dachte du existierst wohl nicht,
nicht in meinem Leben.
Als ich kaum mehr an dich gedacht,
die Suche nach dir längst beendet,
standest du plötzlich vor mir
und ich wusste,
dass sich nun mein Leben wendet.

Nun lieg ich da,
hab wieder von dir geträumt.
Doch ich weiß nun genau,
ich habe nichts versäumt.
Denn als ich aus dem Traum erwacht,
sah ich in dein Gesicht.
Da weiß ich, du bist wirklich da,
ein Traum ist es diesmal nicht.
Mein Traum, der wurde Wirklichkeit,
nie hätte ich das gedacht.
Doch du bist nun stets bei mir,
nicht nur in Träumen in der Nacht.

Nur Du

Oh Liebste, Du Königin meines Lebens.
Wie ring' ich nun, am Ziele meines Strebens.
Wie such' ich es vergebens,
das Wort zu finden, das den Sinn dir sage,
der Liebe, die ich im Herzen trage.

Was du mir bist, kann kein Mensch fassen.
Neben dir die schönsten Sterne verblassen.
Du bist für mich das größte Glück der Welt.
Nichts außer dir für mich so viel zählt.

Du bist meine Welt und mein Himmel zugleich.
Du bist mein Leben und machst mich reich.
Du bist mein Licht, in jeder dunklen Nacht.
Du hast mich erst zu dem gemacht.

Ein Mensch, der die Tiefe seines Herzens verspürt.
Du hast mein Herz und meine Seele berührt.
In dem sich für immer nun meine Liebe regt,
denn ich hab dir mein Herz zu Füßen gelegt.

30

Deine Liebe

Deine Liebe, die mir die Stärke gibt,
das Gefühl, dass ich von dir geliebt.

Deine Liebe, die über allem steht,
Liebe, die durch nichts vergeht.

Liebe, die sich kein Urteil erlaubt.
Liebe, die immer an mich glaubt.

Liebe, die auch das Schlimmste überwindet.
Liebe, die sich in uns beiden wiederfindet.

Deine Liebe wird mein Schutzschild sein,
denn ich weiß, du lässt mich nie mich nie allein.

Das wahre Leben

Am Anfang bekomme ich „dunkelrote Rosen".
Später erkenne ich, dass sie Dornen haben.
Doch „deine Lippen, die küssen so heiß",
so dass ich nicht bemerke, dass man sich auch
verbrennen kann.
„Ich tanze mit dir in den Himmel hinein",
doch irgendwann kann es auch die Hölle werden.

„Der Himmel hängt voller Geigen",
irgendwann ist auch die lieblichste Melodie
verstummt.
Ich weiß nur „Lippen schweigen,
flüstern Geigen, hab mich lieb".
Was verschwiegen wird,
darüber denke ich nicht nach.
Denn „ich schenke dir mein Herz",
ahne nicht, dass es auch zerbrechen kann.

„All mein Gedanken, mein Herz und mein Sinn"
sind nur auf dich fixiert.
„Du bist die Welt für mich",
doch bald schon trennen uns Welten.
Denn ich habe erkannt, dass du zwar sagtest:
„Dein ist mein ganzes Herz",
doch dein Herz hat mir nie ganz gehört.

Trotzdem: „Freunde das Leben ist lebenswert",
auch wenn es nicht immer so kommt,
wie wir es uns wünschen.
Es ist nun mal keine Operette,
sondern das wahre Leben.

Deine Erwartungen

Wenn wir uns streiten,
dann werde ich böse,
weil du es von mir erwartest.
Wenn du mir drohst mich zu verlassen,
dann weine ich,
weil du es von mir erwartest.
Wenn du zärtlich zu mir bist,
dann bin ich glücklich,
weil du es von mir erwartest.

Ich mache immer alles,
was du von mir erwartest.
Merkst du eigentlich nicht,
dass meine Gefühle nur eine Maske sind,
um dir zu gefallen?

Im Spiegel

Ich sehe in den Spiegel und sehe dein Gesicht.
Doch wo ist meins? Ich sehe es nicht.
Ich höre deine Wünsche, die ich dir erfüllt.
Doch meine Sehnsucht, die wurde nicht gestillt.
Ich lebte unser Leben, doch meins war es nicht.
Habe mich dabei verloren und find' mich nun nicht.

Was ist von mir noch übriggeblieben?
War unendlich falsch, dich so sehr zu lieben.
Alles nur noch an dir zu messen.
Mich selbst habe ich dabei völlig vergessen.

Es irgendwann erkannt, vielleicht schon zu spät.
Die Zeit so hoffe ich, die Bilder verweht.
Damit, wenn ich wieder in den Spiegel blick'.
Mich selbst erkenn' und weiß, ich hab mich zurück.

Kein Wir

Du treibst mit mir ein grausames Spiel.
Ich gab dir alles, du nahmst mir so viel.
Ich wollte dich lieben, achten und ehren.
Du hast alles zerstört, ich konnt' mich nicht wehren.

Ich wollte, dass wir Großes erreichen.
Du machtest mich klein, ich sollte dir gleichen.
Ich hab alles mit mir geschehen lassen.
Nun steh ich da und kann es nicht fassen.

Hab mein Leben für dich aufgegeben.
Wollte für dich mein Bestes geben.
Hab verziehen und versucht zu verstehen.
Muss nun erkennen, so kann es nicht weitergehen.

Hab für dich alles getan, nichts zurückerhalten.
An Gefühle geglaubt, die herzlosen Kalten.
War traurig, verzweifelt und hab so gelitten.
Aussprachen versucht und doch nur gestritten.

Entschuldigungen gesucht und auch gefunden.
Doch dabei schon keine Liebe mehr empfunden.
Mich dafür geschämt und täglich angeklagt.
Hoffnung verloren und war nur verzagt.

Erneut versucht, dein Herz zu erweichen.
Nie gemerkt, dich kann ich nicht erreichen.
Gefühle empfunden, deren Schmerz so groß.
Dich festgehalten und gedacht: „Laß nicht los!"

An dich geglaubt mit all meiner Kraft,
gedacht, dass man alles gemeinsam schafft.
Zu spät erkannt, meine Energie gebe ich dir.
Bis ich mich selbst dabei völlig verlier.

Gefühle verdrängt, damit ich nicht leide.
Einsam gekämpft und dachte für uns Beide.
Jetzt erst erkannt: Unsere Zukunft bin ich allein.
Ein Zusammen und wir,
das kann niemals mehr sein.

Zu Ende

Du gehst fort, wenn ich dich brauch'.
Du verletzt und quälst mich auch.
Alte Gefühle wirfst du einfach weg.
An dich zu glauben, erfüllt keinen Zweck.
Du hast unsere Liebe zu Hass werden lassen.
Was tust du mir an, ich kann es nicht fassen!
Wolltest erreichen, mich zu zerstören?
Doch mein Leben soll wieder mir gehören.

Tränen auf unserem Gesicht

Regen läuft über unser Gesicht.
Was macht es schon, es stört uns nicht,
vermischt er sich doch mit unseren Tränen.
Nach Wärme können wir uns nur sehnen.
Wir bleiben allein, auch wenn wir zu Zweit.
Wir sind uns nah, doch unendlich weit.
Wir können uns sehen und auch berühren,
jeder den Schmerz des anderen spüren.
Doch lindern können wir ihn trotzdem nicht,
so bleiben die Tränen auf unserem Gesicht.

Jeder fühlt sich traurig, einsam und allein.
Wir scheinen uns plötzlich so fremd zu sein.
Hatten wir nicht was, was für die Ewigkeit ist.
Warum man das so plötzlich vergisst?
Wie konnte das nur mit uns geschehen?
So kann es doch nicht weitergehen.
Irgendetwas hat unsere Liebe vertrieben,
von Gemeinsamkeit ist nichts mehr geblieben.
Doch ändern können wir es nicht.
Es bleiben nur die Tränen auf unserem Gesicht.

Ich will nicht mehr

Wie soll einer fehlen,
der einem nichts gibt?
Wie soll einer fehlen,
den man nicht liebt?

Wie soll man vermissen,
was man nie bekommen?
Wie soll man vermissen,
wenn er nur genommen?

Wie soll man sich sehnen,
wenn man doch nur allein?
Man kann auch zu zweit
soviel einsamer sein.

Dann ist es doch besser,
er kommt nie zurück,
die Beziehung zu Ende,
denn er bringt kein Glück.

Gefühle gelogen,
mich oft hintergangen.
Dann ist es doch besser,
ganz neu anzufangen.

Er wird mir nicht fehlen,
ich werde ihn nicht missen.
Mich nicht nach ihm sehnen,
das muss ich wissen.

Ich hab gar nichts verloren,
denn er konnte mir nichts geben.
Alleine da hab ich
das bessere Leben.

Denn einsam fühl ich mich
mit ihm noch mehr.
Darum sag ich deutlich:
Jetzt will ich nicht mehr!

Erinnerungen

Eine Muschel mit Perlmutt schillerndem Glanz.
Eine vertrocknete Rose, deren verdorrte Blätter
immer noch einen sanften Duft verströmen.
Ich halte die Erinnerungen eines
wunderschönen Sommers in Händen.
Unseres Sommers.

Doch der Herbst ist ins Land gezogen.
Die Tage werden kürzer.
Die Sonne ist kaum noch am Himmel zu sehen.
Nichts bleibt.

Nicht die Berührung deiner Hände
auf meinem Körper.
Nicht das Geräusch deiner Sohlen,
wenn wir durch den Sand liefen.
Nicht der salzige Geschmack deiner Lippen,
wenn wir uns im Meer küssten.
Nichts.

Nur die Erinnerung.
Wenn ich die Muschel sehe, die Rose.
Nicht diese eine.
Bei jeder.

Vergiss mich nicht

Wir waren ein Herz und eine Seele.
Nun trennen uns Welten.
Du lebst dein Leben.
Ich lebe mein Leben.
Mein Leben, in dem du
immer noch ein wichtiger Teil bist.

Wie oft sehe ich noch das Blau
deiner Augen vor mir?
Wie oft höre ich noch den Klang
deiner Stimme in meinem Ohr?
Wie oft habe ich noch den Geruch
deiner Haut in meiner Nase?
Wie oft habe ich das noch das Gefühl,
wie es ist, wenn ich dir durchs Haar streiche?

So oft!
Immer noch da.
Nichts vergessen.

Warum hast du mir beim Abschied gesagt:
„Vergiss mich nicht"?
Warum habe ich nicht erkannt,
wie ernst es dir damit war?

Mein Leben

Ich möchte dir sagen, was du für mich bist.
Doch du ahnst gar nicht wie schwer das ist.
Es in Worte zu fassen, um dir zu sagen.
Was du mir bedeutest, an allen Tagen.
Jemand wie dich findet man niemals mehr.
Darum liebe ich dich auch von Herzen so sehr.

Du bist mein Glück, mein leuchtender Stern.
Darum hab ich dich von Herzen so gern.
Du bist für mich ein Engel auf Erden,
darum wirst du stets geliebt von mir werden.
Du bist der Fixpunkt in meiner Welt.
Niemals jemand von mir so viel Liebe erhält.

Du willst nun wissen, warum das so ist.
Ganz einfach, weil du mein Leben bist.
Du bist da, wann immer ich dich brauch.
Du liebst, behütest und beschützt mich auch.
Du hältst zu mir an allen Tagen
auch in schlechten Lebenslagen.

Du akzeptierst und verstehst, egal was ich tu.
Bei allen Problemen, da hörst du mir zu.
Stehst mir zur Seite mit Rat und Tat,
hilfst immer, ohne dass ich darum bat.

Denn du kannst meine Gedanken lesen,
so ist es bei dir schon immer gewesen.
Ohne Worte erkennst du was ich will,
mich glücklich zu machen, das ist dein Ziel.
Bin ich traurig, leidest du Seelenschmerzen,
dir liegt mein Wohlergehen stets am Herzen.

.Meine Freude lässt dich Jubel anstimmen.
Gemeinsam wir jede Hürde erklimmen.
Und wird sich im Leben immer wieder was wandeln,
Dein Denken, dein Tun, dein Fühlen, dein Handeln,
das wird weiterhin um mich nur kreisen.
Mir täglich aufs Neue deine Liebe beweisen.

All das weiß ich und spüre es jeden Tag,
deshalb heute ich zu dir sag.
Mit dir zu leben, das hab ich dankbar erkannt.
Wird poetisch „der Himmel auf Erden" genannt.
Nie möchte ich es verlieren, dieses große Glück
und ich gebe es dir von Herzen zurück.

Zu erspüren, was ich in meiner Seele trag.
Heute, morgen, an jedem weiteren Tag.
Das Wissen, das du etwas Besonderes bist.
Etwas, das mehr als alles andere misst.
So eine Liebe, die wird es kein zweites Mal geben,
drum sag ich deutlich: Du bist mein Leben!

Mutterliebe

Ganz seltsam hat es mich berührt,
was tief im Herzen ich verspürt.
Ich habe dann bei mir gedacht,
das ist stärker als die Himmelsmacht.

Lieblich, wie wenn Geigen sanft erklingen,
kann Eis sogar zum Schmelzen zu bringen
Der höchste Berg kann sich nicht messen,
wenn man jemals dies besessen.
Selbst des Meeres Wassermassen,
können dies als Größe nicht erfassen.
Die unendliche Weite des Himmelszelt,
ist klein gegen dies Gefühl der Welt.

Kein Vogel kann so hoch je fliegen,
was ich spürte dort im Herzen liegen.
Ist wohltuend wie ein Lebenselixier,
doch auch kämpferisch wie ein Tier.
Es macht uns stark, es macht uns reich
Gibt nichts anderes was diesem gleich.
Das intensivste Gefühl, das ich je empfand.
Ich denke allen, ist es wohlbekannt.

Denn jeder hat im Leben die Seine.
Ach ja, Mutterliebe ist's was ich meine.

Was wahre Liebe war, wird immer Liebe bleiben

Was wahre Liebe war,
wird immer Liebe bleiben.
Und knicken auch die Bäume,
unter der Last des Schnees.
So bleibt doch die Liebe.
Und geht die Sonne auch unter,
um der Finsternis der Nacht Platz zu machen.
So bleibt doch die Liebe.
Und verstummen auch die Vögel mit ihrem Gesang,
um sich zur Ruhe zu begeben.
So bleibt doch die Liebe.

Die Kälte, die Dunkelheit und die Stille
legt sich auf unser Herz.
Doch dieses ist so erfüllt von Liebe,
dass sie uns selbst an dem kältesten Wintertag,
ein strahlendes Licht schickt
in der dunkelsten Nacht.
Und selbst die Stille vermag sie zu besiegen,
denn sie ist der helle Klang,
der unser Herz zum Schwingen bringt
und der erst verstummt,
wenn auch wir den letzten Atemzug getan:
Denn was wahre Liebe war,
wird immer Liebe bleiben.

Die letzte Rose

Ich seh' unsere letzte Rose,
nun auf deinem Grab.
Erinnert mich an vieles
und wie lieb ich dich doch hab.
Der Rose schöne Blüte
leuchtet in samtenen Rot
unsere Liebe blüht ewig
auch wenn du jetzt bist tot.

Die Rose ist Symbol
für unsere Liebeszeit,
sie hegen und auch pflegen,
damit sie wachset und gedeiht.
Doch sehe ich auch die Dornen,
an denen man sich sticht,
so war auch unser Leben,
voll Schatten und viel Licht.

Da gab es auch Verletzung
und manchen bösen Streit,
haben alles überstanden
egal wie groß das Leid.

Die Liebe hat geholfen,
auch Schweres zu überstehen,
wir wollten uns nie trennen,
nie voneinander gehen.

Das Schicksal meint es anders,
es hat mich nicht gefragt.
Du musstest mich verlassen,
und ich hab nicht gesagt,
wie sehr ich dich doch liebe
und was du für mich bist,
drum pflanz ich dir die Rose,
damit du nie vergisst:

Diese letzte Rose
als Zeichen auf deinem Grab,
soll dir auf ewig sagen,
wie lieb ich dich doch hab!

Immer

Immer, wenn ich den Wind höre,
denke ich, es ist deine Stimme,
die zu mir spricht.
Immer, wenn sich die Wolken
vor die Sonne schieben,
denke ich, im Schatten dein Gesicht zu sehen.

Immer, wenn der Mond eine
silberne Straße auf die Erde malt,
denke ich, es ist der Weg,
auf dem du zu mir kommst.
Immer, wenn die Sterne
leuchtend am Himmel stehen,
denke ich, dass es der Glanz deiner Augen ist.

Immer, wenn der Regen herniederprasselt
und auf mein Gesicht fällt,
weiß ich, dass er sich mit meinen Tränen vermischt.
Und dann denke ich, egal was auch geschieht,
egal wie viel Zeit vergeht,
ich werde mich immer nach dir sehnen
und nie aufhören, dich zu lieben und zu vermissen.

Jetzt und für immer.

Unendliche Liebe

Ein leeres Blatt, das liegt vor mir.
Lange starr ich auf das Papier.
Will so viel schreiben und dir sagen,
was du mir bist an allen Tagen.
Will dich vieles wissen lassen,
doch wie soll ich es in Worte fassen?

Will, dass du weißt, was für mich zählt.
Du bist mein Alles, meine Welt.
Nie könnt' ich aufhören dich zu lieben.
Werd' vom Gedanken nur getrieben.
Wann wirst du wieder in meiner Nähe sein,
ohne dich fühl' ich mich einsam und allein.

Keine Minute, in der ich nicht an dich gedacht,
an all das, wie glücklich du mich hast gemacht.
Durch dich sich mein Herz lebendig fühlt,
du hast meine Seele aufgewühlt.
So dass du immer bei mir bist,
denn unsere Liebe unendlich ist.

Alte Liebe

Alte Liebe, doch Gefühle wie neu.
Soviel Jahre und immer noch treu.
Alte Liebe, die man still in sich trägt.
Eine Liebe, die sich nie wieder legt.

Stets kann man sie sehen
und doch nicht verstehen.
Sie auch nicht begreifen,
muss wachsen und reifen.
Sie auch nicht benennen
Und doch stets erkennen.

Mit Gesten, die ganz unauffällig sind.
Berührungen so sanft wie der Wind.
Ein Blick, der in die Tiefe dringt,
dass einem vor Freude das Herz erklingt.

Liebe, die ohne Worte besteht.
Liebe, die niemals zu Ende geht.
Liebe, die so zart ist und rein.
Sie muss das Großartigste wohl sein.

Eine Liebe für ein ganzes Leben,
wenn zwei Menschen sich alles geben.
Alles geben, ohne viel zu tun,
einfach in dem anderen ruhen.
Nichts zu erklären, noch zu hinterfragen,
einfach zu leben an allen Tagen.

So hab ich euch beide zusammen gesehen.
Weder nachvollziehbar, noch zu verstehen.
Doch allgegenwärtig zu spüren,
wie sich eure Seelen ständig berühren.

Bei euch haben sich nicht nur
die Herzen verbunden.
Nein, bei euch haben sich
zwei Seelen gefunden.
Die sich zu einer zusammengeschweißt,
ein Band, das für immer und ewig nicht reißt.
So dass wenn einer vor dem anderen gehen muss,
auch mit des anderen Seelenheil Schluss.

*Mein besonderer Dank gilt
meiner lieben Freundin Gisela,
die mich so hilfreich bei der Überarbeitung
meiner Bücher unterstützt.*

Wer mehr über mich und meine Bücher erfahren
will, kann das auf meiner Webseite
angelika-wolf-buecherwelt.de.
Über einen Besuch würde ich mich sehr freuen.